Connais-tu

Jacques Cousteau

Connais-tu

Jacques Cousteau

Textes : Johanne Ménard
Illustrations et bulles : Denis Poulin

ÉDITIONS
MICHEL
QUINTIN

Catalogage avant publication de Bibliothèque et Archives nationales du Québec et Bibliothèque et Archives Canada

Ménard, Johanne, 1955-

Jacques Cousteau

(Connais-tu? ; 12)

Pour enfants de 8 ans et plus.

ISBN 978-2-89435-601-2

1. Cousteau, Jacques Yves - Ouvrages pour la jeunesse. 2. Océanographes - France - Biographies - Ouvrages pour la jeunesse. 3. Écologistes - France - Biographies - Ouvrages pour la jeunesse. I. Poulin, Denis, 1958- . II. Titre. III. Collection: Connais-tu? ; 12.

GC30.C68M46 2013   j551.46092   C2013-940291-8

Collaboration à la recherche : Simon Dunn
Collaboration aux idées de gags : Maude Ménard
Révision linguistique : Paul Lafrance
Conception graphique : Céline Forget
Infographie : Marie-Ève Boisvert

La publication de cet ouvrage a été réalisée grâce au soutien financier du Conseil des Arts du Canada et de la SODEC.

De plus, les Éditions Michel Quintin reconnaissent l'aide financière du gouvernement du Canada par l'entremise du Fonds du livre du Canada pour leurs activités d'édition.

Gouvernement du Québec – Programme de crédit d'impôt pour l'édition de livres – Gestion SODEC

ISBN 978-2-89435-601-2
Dépôt légal – Bibliothèque et Archives nationales du Québec, 2013
Bibliothèque et Archives Canada, 2013

© Copyright 2013

Éditions Michel Quintin
4770, rue Foster, Waterloo (Québec)
Canada J0E 2N0
Tél.:   450 539-3774
Téléc.: 450 539-4905
editionsmichelquintin.ca

1 3 - A G M V - 1

Imprimé au Canada

Jacques-Yves Cousteau naît en France en 1910.
Tout jeune, il rêve déjà de mondes fantastiques.
À six ans, il part à l'aventure en suivant le chemin de
fer derrière la maison. Il est curieux de voir où mène

6

cette route sans fin. Les gendarmes le ramènent au
bout de plusieurs heures. Jacques vient de faire sa
première grande exploration.

À neuf ans, Jacques et sa famille déménagent aux États-Unis où son père travaille. L'été venu, lui et son frère sont envoyés dans un camp de vacances au Vermont. Jacques ne s'entend pas très bien

8

avec son moniteur. Pour le punir, celui-ci exige que le récalcitrant nettoie le fond du lac. C'est ainsi que Jacques fait ses premières expériences de plongée en apnée, en retenant son souffle.

De retour en France à l'adolescence, Jacques
Cousteau est envoyé dans une école militaire.
Muni d'une caméra d'amateur, le jeune homme

adore imaginer des scénarios et produire des petits films dont il est souvent la vedette. Il fonde même sa propre maison de production.

Diplômé de la marine, Jacques s'embarque sur un bateau-école en partance pour l'Asie. Dans tous les pays visités, la caméra n'est jamais loin.

En Indochine, Jacques est fasciné par ces indigènes qui plongent de leur embarcation et remontent à la surface aisément avec des poissons dans les mains.

Toujours prêt pour l'aventure, Jacques Cousteau aimerait devenir pilote dans l'aéronavale. Mais un grave accident d'auto le force à changer ses plans.

Il a subi plusieurs fractures aux bras. On envisage même l'amputation. Mais Jacques refuse ce diagnostic et entreprend une longue réadaptation.

Fini le rêve de voler, mais d'autres beaux défis
attendent le lieutenant Cousteau de retour sur les
flots. Sur le bateau où il est affecté, il fait la rencontre
de Philippe Tailliez qui partage son amour de la

baignade et lui fait un cadeau qui va changer sa vie : un masque de plongée ! C'est la révélation pour Cousteau, qui découvre sous l'eau un univers inconnu, grouillant de vie.

En cet été 1937, Cousteau, Tailliez et Dumas, un autre mordu de la mer, forment un trio de plongeurs qu'on surnommera les « Mousquemers ».

Explorant les criques avec ses nouveaux amis, l'apprenti Cousteau devient vite un expert de la chasse sous-marine.

C'est un été mémorable pour Cousteau puisqu'en juillet de la même année, il épouse Simone Melchior. Celle-ci deviendra la complice de ses nombreux

périples. Le couple aura deux enfants, Jean-Michel et Philippe, à qui les parents feront partager leur passion de la mer.

En 1939, la guerre éclate. Lorsque la France est occupée par les Allemands l'année suivante, l'officier Cousteau participe à des opérations d'espionnage pour la Résistance.

Il s'introduit entre autres dans un bureau, déguisé en officier ennemi et accompagné d'un serrurier, pour photographier un code secret de l'armée italienne.

Comme les marins sont cloués à terre et ont beaucoup de temps libre, les Mousquemers reprennent leurs activités de plongée. Cousteau voudrait bien trouver le moyen de rester plus longtemps sous l'eau pour filmer

cet univers extraordinaire. Il existe déjà des appareils pour respirer sous l'eau. Mais ils sont lourds et pas très commodes avec leur long câble les reliant au bateau.

En 1943, avec l'aide d'un ingénieur, l'infatigable bricoleur met au point l'Aqua-Lung (le « poumon aquatique »), un détendeur ou scaphandre autonome

avec des bonbonnes d'air comprimé qui permet
au plongeur de rester sous l'eau plus longtemps et
d'être libre de ses mouvements.

Avec l'Aqua-Lung et des caméras étanches améliorées, Cousteau et ses compagnons produisent le court-métrage *Épaves*, le premier film réalisé

avec scaphandres autonomes. Le documentaire fait découvrir des bateaux échoués au fond de la mer.

En 1945, Cousteau décide d'initier ses fils à la plongée et fait fabriquer deux petits Aqua-Lung. Au cours de l'été, Jean-Michel et Philippe

deviennent d'excellents plongeurs, sous la
surveillance de leur mère, Simone, qui les
accompagne aussi.

La même année, les Mousquemers fondent un groupe de recherches sous-marines. Ils n'hésitent pas à organiser des expéditions parfois téméraires. En explorant une grotte sous-marine très profonde,

Cousteau et un de ses compagnons commencent à se sentir mal. C'est qu'une fuite dans le compresseur empoisonne l'air qu'ils respirent. Ils sont remontés à la surface juste à temps.

Cinq ans plus tard, Jacques Cousteau réalise son plus grand rêve : diriger son propre navire d'exploration. Le propriétaire de la *Calypso* est un riche Irlandais qui donne carte blanche au passionné d'océanographie.

34

Au fil des ans, le commandant Cousteau deviendra le « pacha » du bateau légendaire. Simone, dite « la Bergère », s'occupera de l'intendance et partagera le quotidien des hommes.

La *Calypso* est équipée de matériel spécialisé, d'un laboratoire et surtout d'une chambre d'observation sous-marine. Par les hublots de ce « faux-nez »

aménagé dans la coque, scientifiques et cinéastes pourront découvrir mille merveilles.

En novembre 1951, commence la grande aventure.
La *Calypso* appareille en direction de la mer
Rouge. Lorsque Cousteau jette l'ancre et plonge

pour la première fois au milieu des coraux, il est
complètement ébloui par ce monde de couleurs et de
formes merveilleuses où évoluent des êtres encore
inconnus.

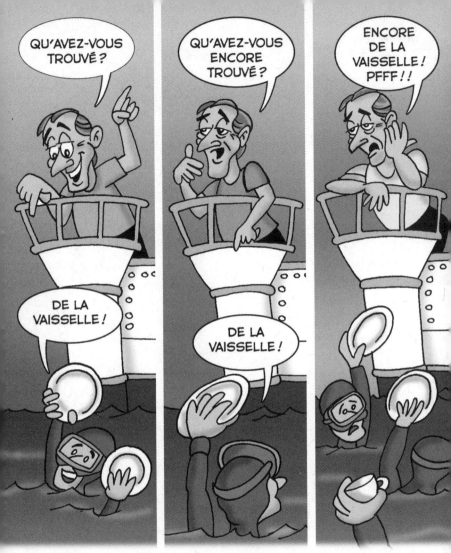

Puis un autre genre d'expédition attend la *Calypso*.
Cousteau entend parler d'une épave de navire
de l'époque romaine près de Marseille.

Transformé en chasseurs de trésor, l'équipage remonte à la surface plus de 10 000 objets, surtout des amphores et de la vaisselle.

C'est pendant cette aventure archéologique que le commandant commence à porter le fameux bonnet rouge qu'il arborera toujours dans ses reportages.

Pour lui, il s'agit d'un hommage au travail des scaphandriers, mais surtout à l'un de ses complices mort en tentant de récupérer au fond de l'océan l'ancre perdue de la *Calypso*.

Financée par une compagnie pétrolière pour faire de la prospection, l'équipe de la *Calypso* met ensuite le cap vers le golfe Persique. Mais l'idée du pacha est surtout de rapporter des images fabuleuses

44

des mers lointaines. Avec l'aide d'experts, il met au point des caméras qui peuvent enfin faire voir au grand public les vraies couleurs du merveilleux monde sous-marin.

En 1956, le commandant Cousteau et le jeune cinéaste Louis Malle remportent la Palme d'or à Cannes, un Oscar à Los Angeles ainsi que plusieurs

autres récompenses pour leur film *Le monde du silence*, qui raconte cette odyssée et la vie à bord de la *Calypso*.

Grâce aux prix remportés, Jacques Cousteau
connaît la gloire. Le prince de Monaco offre alors
au commandant de devenir directeur du Musée
océanographique. Pour un loup de mer, il n'est pas
48

facile de rester à terre. Cousteau prend cependant
son rôle au sérieux et tente de concilier ses nouvelles
responsabilités avec sa soif d'aventures marines.

Cousteau n'arrête jamais de réfléchir à de nouvelles idées pour explorer les profondeurs de l'océan. Il aimerait inventer des mini-sous-marins. L'ingénieux commandant prend deux assiettes qu'il colle bord

à bord. Ainsi imagine-t-il la première soucoupe plongeante. Plusieurs autres véhicules sous-marins seront mis au point avec les années.

Comme Jules Verne dans ses romans, le passionné Cousteau imagine des maisons sous la mer. Au début des années 1960, un projet appelé Précontinent

SUPER !
JE T'ATTENDS.

permet à des volontaires de vivre dans des modules d'habitation sous les flots. Mais l'expérience s'avère trop coûteuse pour être poursuivie.

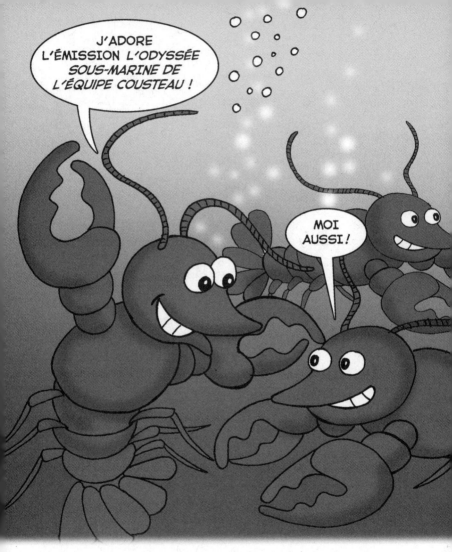

Toujours passionné par les films documentaires,
le commandant s'enthousiasme lorsqu'une chaîne
de télé américaine lui propose de réaliser une série
sur la vie sous les mers. Au fil des ans, plusieurs
54

projets de cinéma et de télé seront réalisés. La série *L'odyssée sous-marine de l'équipe Cousteau*, entre autres, connaîtra un succès retentissant pendant de nombreuses années.

À mesure qu'il découvre les beautés sous-marines, Cousteau devient de plus en plus conscient des grands dangers qui guettent la « planète bleue » avec la pollution, la surexploitation et les changements

climatiques. En 1976, on lui décerne le Prix
international pour l'environnement. Sa dernière
grande bataille sera une pétition mondiale pour
sauver l'Antarctique et en faire une réserve en 1990.

Dans les milieux scientifiques, on lui reproche
souvent de privilégier le spectaculaire plutôt que la
science exacte. Cela ne l'empêche pas de récolter
au fil de sa carrière un nombre impressionnant

de prix et d'être élu à l'Académie française. Pour Cousteau, émerveiller le public est bien plus efficace pour le sensibiliser que de simplement l'informer.

Dans sa vie personnelle, le pacha subit des pertes importantes. D'abord son fils Philippe meurt dans un accident d'hydravion en 1979. Puis Simone, l'âme

de la *Calypso*, s'éteint en 1990. Cousteau a toujours gardé un très grand respect pour la Bergère et son importante contribution à son œuvre.

Celui qu'on surnommait « Captain Planet » s'éteint à son tour en 1997 à l'âge de 87 ans. L'homme au bonnet rouge et sa légende flottante, la *Calypso*, auront sillonné les mers pendant plus de 40 ans

pour nous faire découvrir la beauté et la fragilité de l'univers sous-marin. Homme audacieux et imaginatif, Jacques Cousteau nous lègue un monde encore rempli de secrets à explorer et à protéger.